あなたの人生を導く

美輪ことば

美輪明宏

中央公論新社

目次

開運

心の栄養

上機嫌

感謝

書　美輪明宏

装幀　田中久子

撮影　浅井佳代子

構成　篠藤ゆり

あなたの人生を導く

美輪ことば

開運

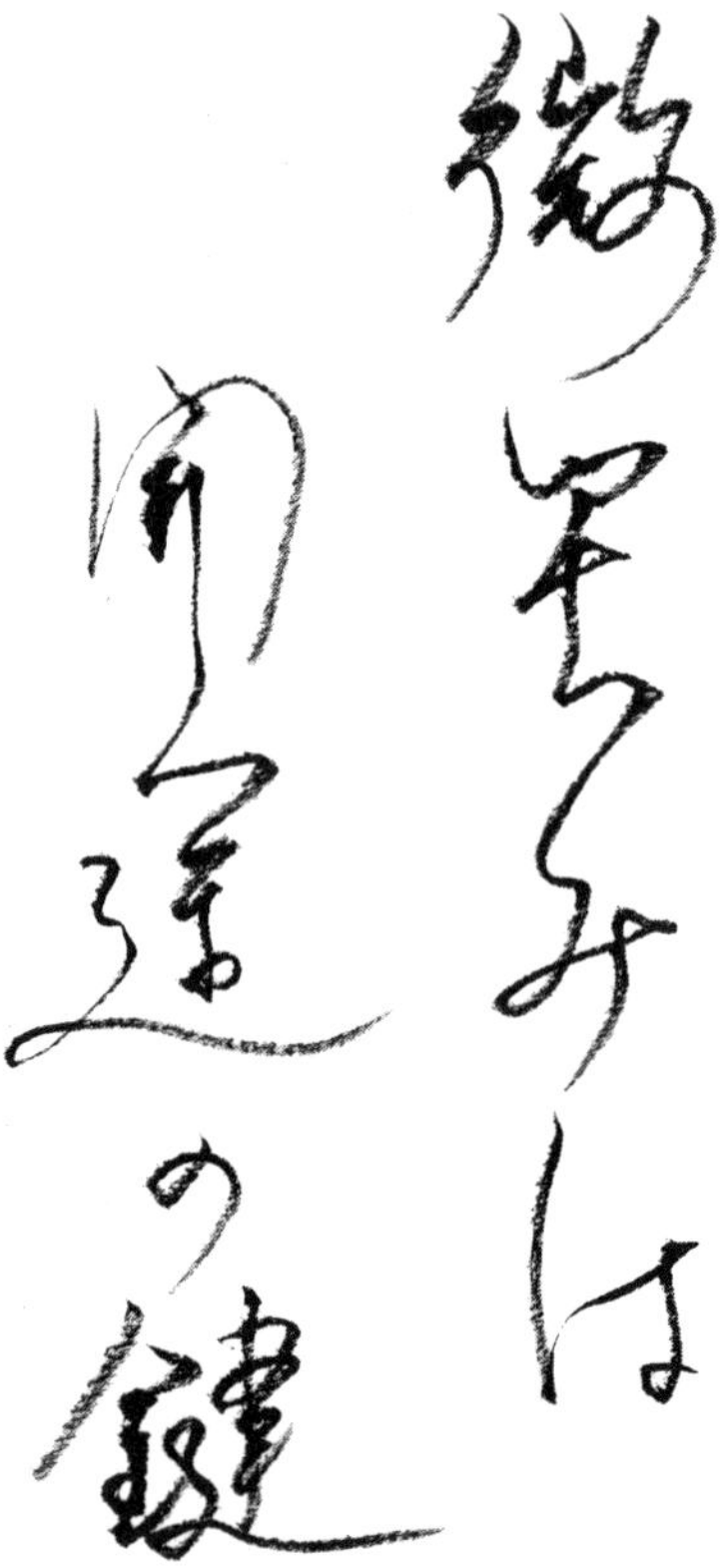

微笑みは開運の鍵

今日から福を呼び込みましょう

若い人は、悲しい気持ちを「ぴえん」、もっと悲しいと「ぱおん」と表現することもあるようですね。

言葉というのは、時代とともに移り変わるもの。一概に、最近は日本語が乱れている、などと言うつもりはありません。ただ、「言葉は心を映す鏡」ということは覚えておいていただきたいと思います。

言葉遣いが乱雑だと心がすさみ、人間関係もギスギスしてきます。逆に、美しい言葉遣いを心がけると、立ち居振る舞いもおのずと美しくなっていきます。そして、ファッションや生活に必要なものの選び方も変わっていく。結果的に、暮らしそのものが美しくなり、人としての魅力も高まるのです。

かつては家族間でも、丁寧語や謙譲語が使われていました。丁寧な言葉遣いは、相手を尊重する気持ちの表れ。親しき仲にも礼儀があると、ほどよい距離が保たれ、衝突も避けられる。平和で穏やかな暮らしのための知恵でもあったのです。言葉ひとつで人間関係も変わりますから、日頃から意識したいものです。

さらに、人生をよりよいものにするために心がけたいのは、常に微笑みを忘れずにいること。微笑みは自然に身についているのが一番いいのですが、ストレスでぶすっとした顔をしがちな人、これから習慣をつけたい人は、家のそこかしこに鏡を置いて、鏡の中の自分に微笑みかける練習をしてみてはいかがでしょうか。ちょっぴり口角を上げてみてください。お金もかからず、少しの心がけで魅力的な人になれたら、これほどいいことはないと思います。

人生は一筋縄ではいきませんが、「微笑みは開運の鍵」です。気持ちも明るくなりますし、ほがらかでいると好感を持たれます。まわりにはおのずと人や物事が寄ってきて、福も舞い込んでくるでしょう。日々、美しい言葉遣いと微笑みをお忘れなく！

本書では、私が89年の人生の中で大切にしてきた言葉の数々を、自筆の「書」を添えてご紹介します。みなさんの心になにかしら響くものがあれば、うれしく思います。

思いやり

思いやり

相手の立場になってみましょう

思いやりは、私たちが幸せに生きていくために持つべきものの、基本中の基本。「もっとも大事なこと」と言ってもいいかもしれません。

最近は、小さな子ども連れのお母さんが電車に乗ってくると顔をしかめたり、赤ちゃんが泣くと舌打ちしたりする人もいるようですね。そういう人たちは、自分も幼子だった日があったことに思い至らないのでしょう。

もしかしたら、つねにイライラしてしまうほど、息苦しい生活をしているのかもしれません。思いやりの心を失った人が多くなると、世の中全体が殺伐としてしまいます。

「思いやり」の心を言い換えれば、「相手の立場になってものを考える」ということ。そのために必要なのが、想像力です。

世の中には、努力も苦労も報われぬまま、追い詰められてやむにやまれず悪行に走ってしまう人もいます。もちろん罪は償わねばなりませんが、もし仮にその人が理不尽に追い詰められた結果の行いなら、そういった弱い人や困っている人を生み出した原因や、一部の人だけがいい思いをしている、思いやりのない社会を憎むべきだと気づくはずです。

身近な人に対してはもちろん、戦火から逃げまどっている人、世の中の不条理のせいで苦しんでいる人に対しても、想像力を働かせ、思いやりの心を持っていただきたい。

さらに、動物や植物、昆虫など生きとし生けるものすべてに思いやりの心を発揮できれば、人としての格が上がります。

この世界はすべてつながっており、みんな、相互に助け合うことで成り立っています。多くの人が思いやりを持てたら、世界はもう少しよくなるのではないでしょうか。

思いやりのある人は、心の美しさや品格がおのずとにじみ出てきます。みなさんもぜひ、そうした本物の「美しさ」を目指していただきたいと思います。

光明

自分の中に意地悪さはありませんか

人を見るとき、その人のどこを見ていますか?

私は、着ているものや容姿容貌、性別、国籍、肩書といったものを一切見ません。その人の「心の純度」がどれほど高いか、美しいか、優しいか、品性があるか、思いやりがあるか。それだけを見るようにしています。

私は1935年5月、長崎の丸山遊郭の近くにある実家で生まれました。実家は、戦前まで料亭やカフェーを営んでいて、働く女給さんたちに可愛がられて育ちました。

近所の劇場や楽器店で最新の映画や音楽に触れ、幼少期から自然と目が養われたようです。国際色が豊かで人種もさまざま、自由な活気にあふれた風景を目の当たりにしていました。

いっぽう、ときどきカフェーでお偉いさんがお酒を飲んで暴れたり、女給さんの着物の裾に手を入れたりする様子を目撃して、肩書の無意味さを知り、権力の横暴に怒りを覚えました。そういった経験から、人間の本当の美しさや価値とは何かということを、突き詰めて考えるようになったのです。

たどり着いた結論は、考え方や言動などすべてにおいて、「上品さ」と「優しさ」を基準にすることが大切だということ。

たとえば他人に対して「あの人はああだこうだ」と言うとき、自分はその人を冷静に批判しているのか。それとも意地悪な気持ちや、妬《ねた》み嫉《そね》みから悪く言っているのか。よくよく自分を分析することをおすすめします。

もし自分の中に意地悪さを発見したら、これは下品だと思って、改める努力をなさってください。上品な精神でものごとの本質を見ようとすると、表面的に目に入ることは全体の一部にすぎない、と気づきます。

透明な光明が、本質を照らしてくれる。

そういう考え方をすると、自身も救われますよ。なぜなら、下品な人間にならないですみますから。

地獄、極楽は
胸三寸にあり

地獄、極楽は胸三寸にあり

すべての経験が糧になります

いまでこそ、みなさんの人生相談にお答えしていますが、若いころは私も迷い多き日々を送ったものです。

お金の苦労もたくさんしました。2歳のとき実母と死別し、9歳で継母を亡くしました。戦争でカフェーを閉店して金融業を興した父とは一時、絶縁状態に。その父が没落して結核に倒れ、入院費と義弟たちの学費が私の双肩にかかりました。そのうえ騙《だま》されて株に失敗し、大借金。騙した人への恨みと憎しみで、心の中が煮えたぎるようでした。

あるとき、そんな私を見て、在家仏教の行者の女性が諭してくれました。

「騙されるほうにも油断と欲がある。だからこそ、騙されたという状況をもって修行させていただいたと考えてみたらどうか」と。

その言葉はすーっと心に沁み、自分が浄められた気がしました。

するとその方は、こう続けました。

「それが極楽というものですよ。地獄、極楽は、おのおの胸三寸にある。スイッチの切り替え方ひとつで、地獄にも極楽にもなるのです」

誰でも人生がうまくいかず、悩み苦しむ時期、どん底の体験があるでしょう。

若いころは、大なり小なり挑戦と失敗の繰り返し。また、大人になっても家族や仕事の問題などで、人を恨みたくなることもあるはず。

そこから抜け出すには、感情に押し流されず、冷静に考えて発想のスイッチを切り替えることが大切です。

もちろん渦中にいるときには容易ではないと思いますが、同じ問題でも考え方次第で、解決の糸口が見つかることもあります。

すべての経験が自分を高める糧となると思えば、苦しみの先には必ず極楽が待っています。

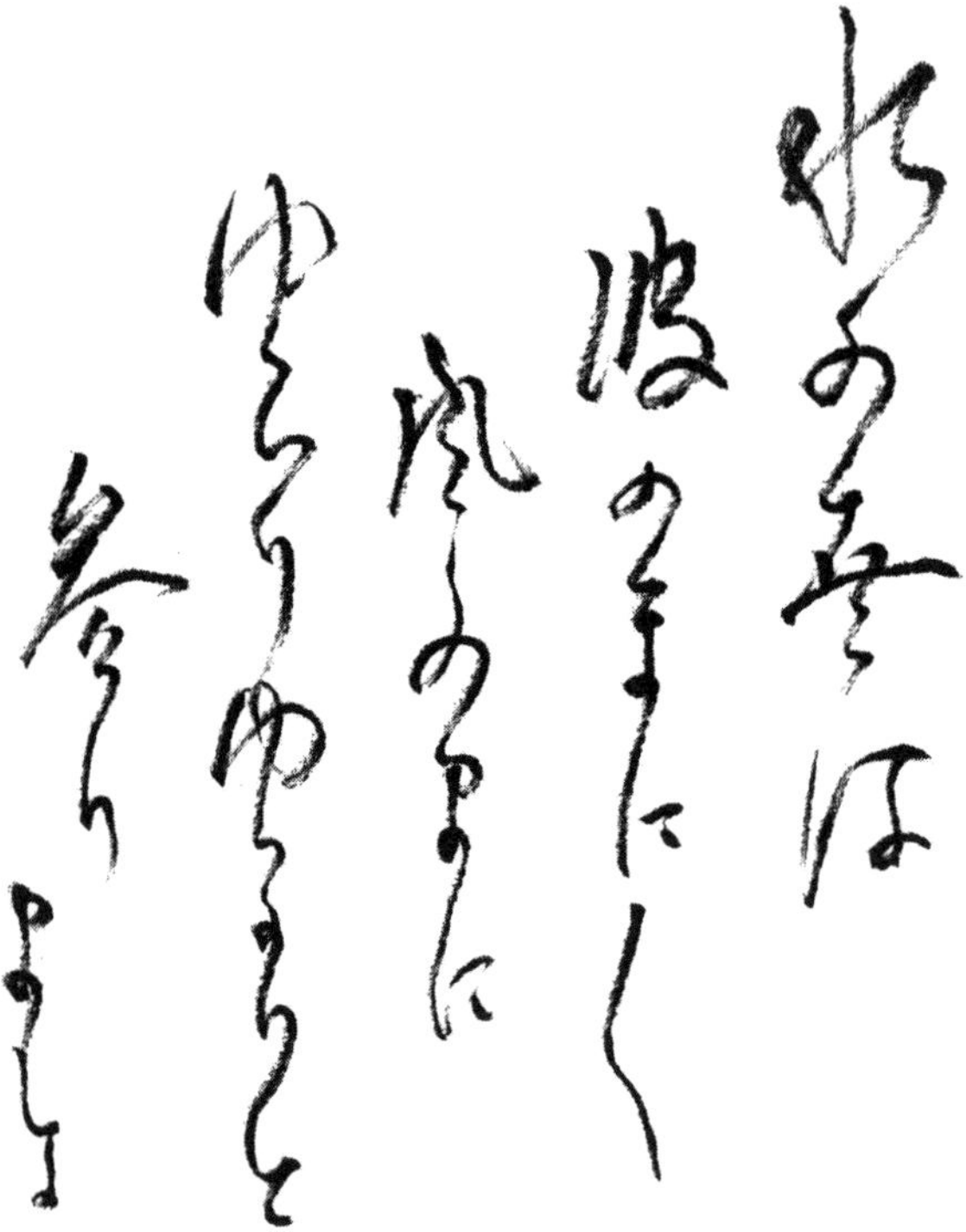

水の世は波のまにまに風のまに　ゆらりゆるりと参りましょう

ときには、なりゆきにまかせて

私が〝元祖ビジュアル系〟として物議をかもしたのは、いまから70年以上前。16歳でプロの歌手としてデビューし、出演していたシャンソンの店「銀巴里」を盛り上げようと、髪と爪、衣裳を紫色に仕立てて、全身紫色で銀座の数寄屋橋に立って歌いました。当時は「銀座に紫のお化けが出る」などと言われたものです。

22歳で、シャンソン「メケ・メケ」を日本語でカバーしたときも、元禄時代のお小姓の出で立ちを取り入れたファッションなど、自ら考案した衣装やメイクがずいぶん話題になりました。同性愛への差別に対して「よし、闘ってやろう」と、わざと傾《かぶ》く恰好をした、それが私のビジュアル系の始まりです。

ところが同性愛者であることを公表したことで世間からは糾弾され、歌手としてまったく売れない不遇の時代が続きました。でも、その苦しかったころにシンガーソングライターとして、苦しむ人を励まし、慰め、力づける歌を作るようになったのです。わが子のために肉体労働をする母親の無償の愛を歌った「ヨイトマケの唄」や、戦争反対の叫びを歌にした「祖国と女達」などを歌いました。私の前半生は、いわば闘いの連続――。

振り返ってみると、どん底状態でもあきらめず、人様の情けにも助けられながら自身の生き方を貫いたからこそ、いまに至る道が開けたのだと思います。

この歳になると、闘争モードもどこへやら。腕の粉砕骨折や脳梗塞、慢性気管支炎など病苦も絶えませんが、「まぁ、生きていればそんなこともあるでしょう」と、涼しい顔をしています。

そして、私の心の中に自然と湧いてきたのが、「水の世は波のまにまに風のまに　ゆらりゆるりと参りましょう」という言葉でした。

生きていると痛めつけられ、苦しいときもあります。その瞬間は、怒りや絶望にとらわれますが、後から考えたらそれがあったからこそ得るものも多かったと気づくことも。みなさんにもこの先、試練が訪れるかもしれません。でも、希望を失わず、前を向いて堂々と生きていれば、きっとまた人生の春が訪れます。やるだけのことをやったら、後はなりゆきにまかせて。

ゆらりゆるりとしていれば、きっと人生、なんとかなりますよ。

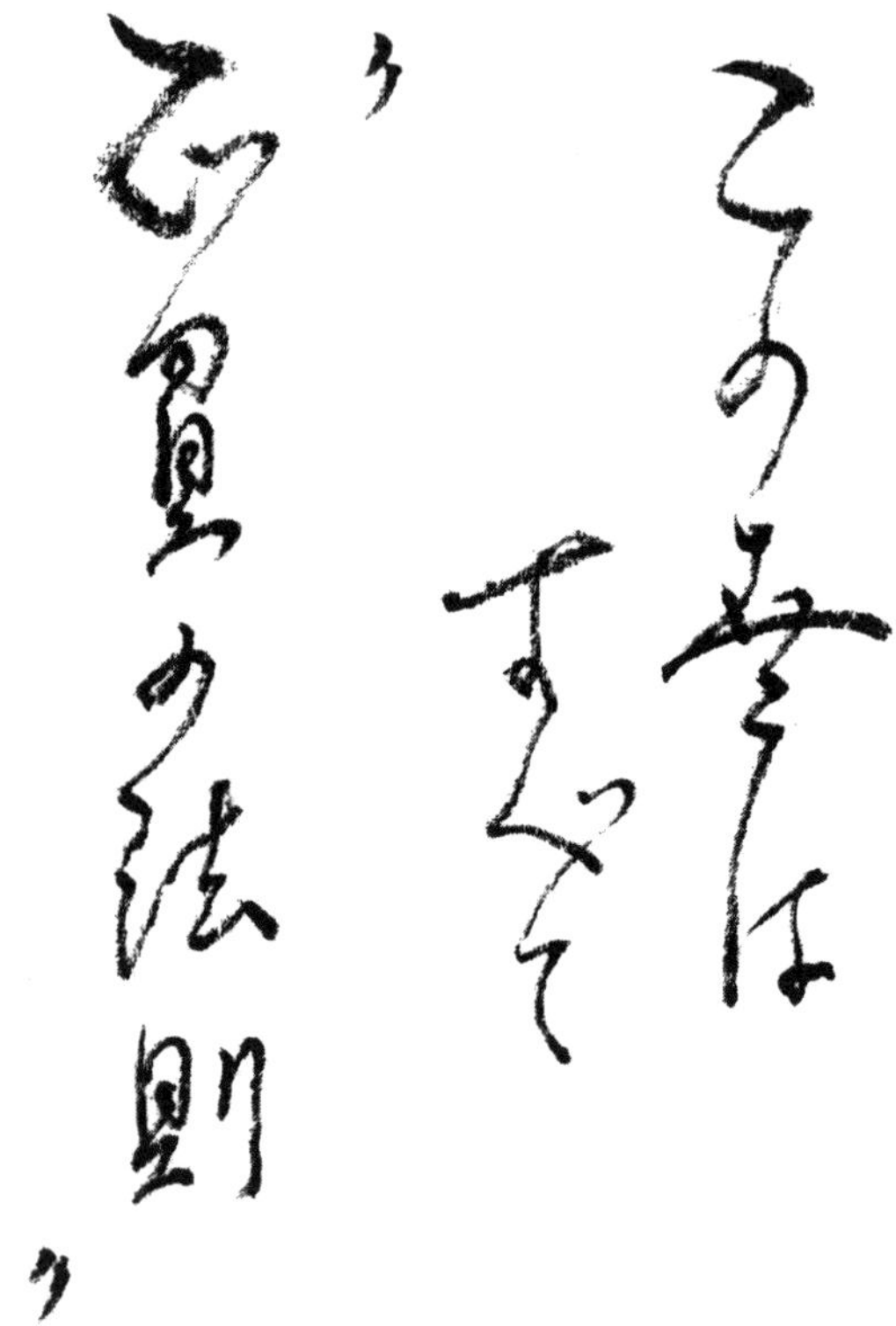

この世はすべて〝正負の法則〟

「いいこと」も「悪いこと」も等量です

人はとかく、他人をうらやんだり、妬んだりするものです。「あの人は裕福でうらやましい」「容姿に恵まれて得をしている」「地位も経済力もある夫がいて幸せだ」などなど。

でも、私は、世の中には〝正負の法則〟が働いていると考えます。

人には「いいこと」と「悪いこと」が等量ずつ与えられている。ですから、一見恵まれている人も、きっと見えないところで苦しみや不幸を抱えているはずです。

妬《ねた》みや僻《ひが》みというのは人間的な感情なので、なかなか逃れられないものです。また、人に理不尽なことをされたら恨みたくもなるでしょう。かくいう私も、若いころは感情にまかせ、喧嘩を売られたら倍返しどころか十倍返しすることも。まぁ、鼻っ柱の強い人間でした。

他人に対するネガティブな思いは、「感情」や「情念」の所産です。また、不安や困難に遭遇した際に邪魔になるのも、感情です。

感情的になると精神がやせてしまい、正しい判断ができなくなります。ですから、感情的になりそうなときは、意識的に感情を追い払って、「理性」や「理知」を働かせることが大切です。

意地悪をされたら、相手がなぜそういう行動をするのかを考えてみる。すると、その人が抱えている問題に気づき、「あの人も気の毒だし、放っておきましょう」と思えるかもしれません。

また、自分が人をうらやむのはなぜか。家族関係や経済、健康の不安など、原因を理性的に分析し、どう解決すべきかを冷静に考えましょう。

きっとそのうち、道が見えてきます。

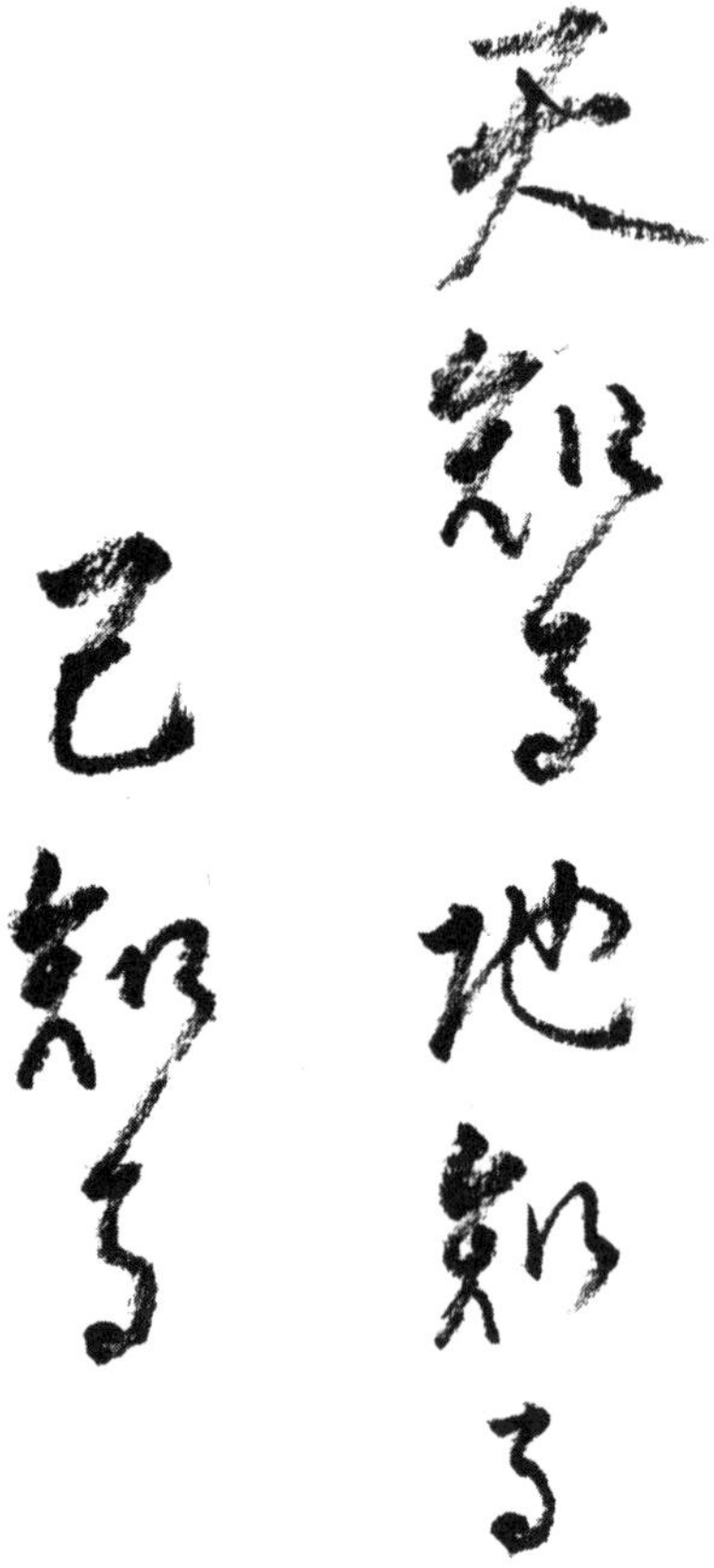

天知る地知る己知る

誇りを持って生きましょう

5世紀ごろに中国で書かれた歴史書『後漢書』に、「天知る、地知る、我（己《おのれ》）知る、子《なんじ》知る」という言葉があります。

なんでも後漢時代の高名な政治家が、賄賂を断るときに言った言葉だとか。誰も知らないだろうと思っても、天地も知っているし、自分も、あなたも知っている。悪事は必ずばれる、ということのようです。

私はこの言葉を、「誇りを持て」という意味だと解釈しています。
たとえ誰も見ていなくても、天も地も、そして誰よりも自分自身が、己の行動を見て知っている。だから自身のありようをもう一人の自分がしっかりと見つめ、ずるいことや醜い行いはせず、カッコよくあらねばならない。
それが「誇りを持つ」ということだと思うのです。

「人に知られなければいい」と思って醜い行いをしたら、きっとそんな自分に誇りが持てなくなるでしょう。卑屈にもなるだろうし、坂を転がるように、悪い方向へと堕ちかねません。そういう人は品位を失い、立ち居振る舞いや表情も卑しくなります。

ですから、私は若いころから、自分に恥ずかしい生き方だけはするまい、胸を張って生きていける自分でいようと強く思ってきました。そのため、ときには、ずいぶんとやせ我慢をしたものです。

どんなときも、人が忘れてはいけないのが、自分への誇り。たとえ苦境にあっても、誇りが人をまっすぐ立たせ、心を豊かにしてくれるのです。そういう人からは、清らかなパワーがあふれ出します。

そのパワーが幸福の金粉となり、きっとその人を輝かせてくれると思います。

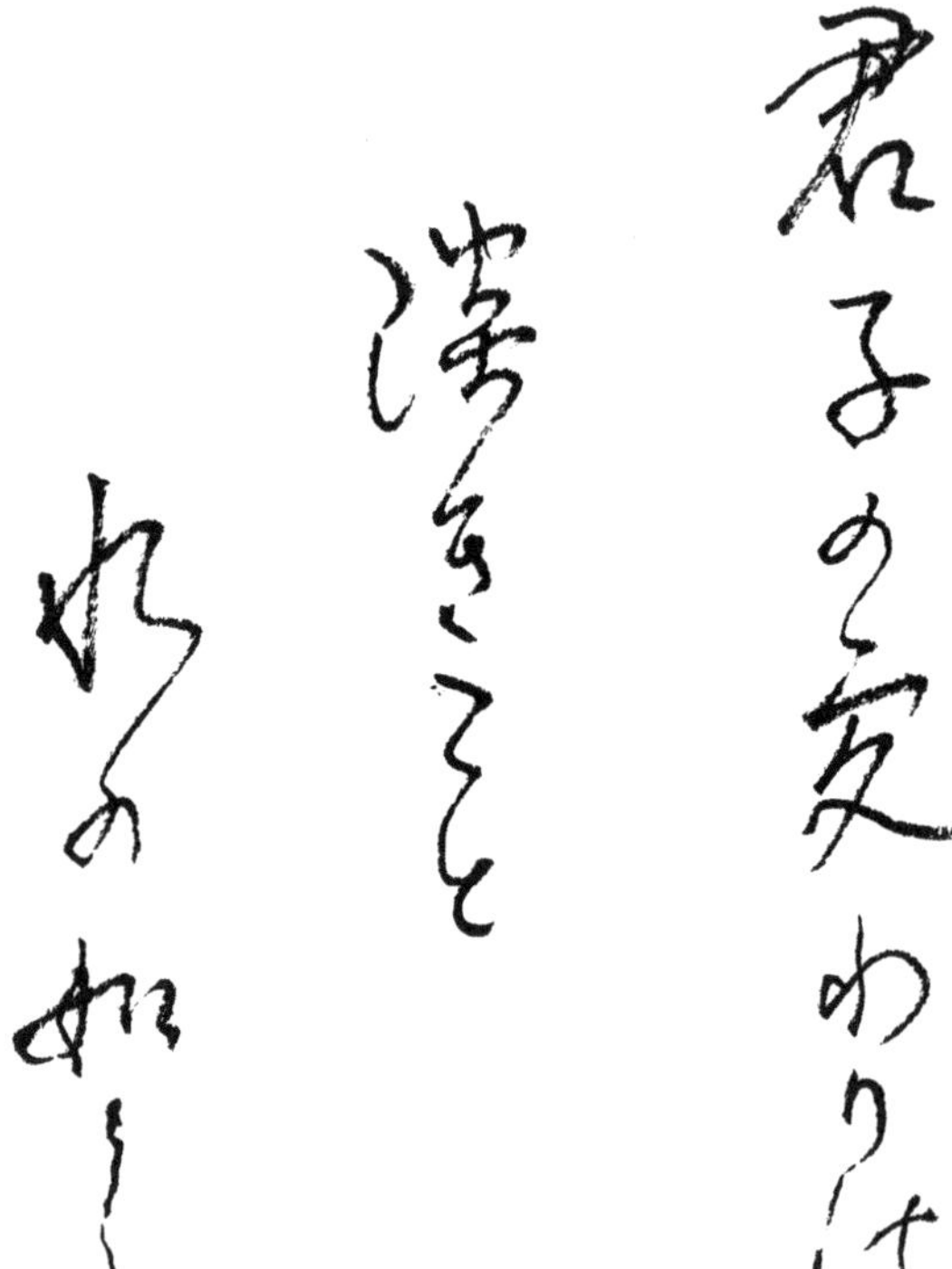

君子の交わりは淡きこと水の如し

「腹六分目」のおつきあいを

人間関係で上手なつきあい方があります。それは、「腹八分目」――ではなく、「腹六分目」。

相手に踏み込みすぎると、イヤな面も見えてきますし、他人からずかずか入り込まれると、鬱陶しいと感じることもあるはず。

どんなに親しくても、愛していても、相手の負担にならないように心がける。

それが、いい関係を長く続ける秘訣です。

中国の古典『荘子』に、「君子の交わりは淡きこと水のごとし、小人の交わりは甘きこと醴《れい》（甘酒）のごとし」とあります。立派な人物の人づきあいは水のように淡泊で、たいしたことのない人のつきあいは甘くベタベタしている、という意味です。

これは他人同士だけではなく、恋人や家族であっても同じ。お互い「個」としての境界を侵さないことが、いい関係を続けるコツです。

親しき仲にも礼儀あり。馴れあいは争いのもとです。そのために役立つのが、最初にもお話ししましたが、美しい言葉遣いと微笑みです。

また、誰かが陰口や噂話を始めたら、さりげなく席をはずすなどして耳に入れないことも大事です。その場にいただけで、あなたが「誰々さんの悪口を言った」などと、喧伝《けんでん》されないとも限りませんから。

人づきあいは「腹六分目」を心がけ、一定の距離を保って相手の人格を立てると、結果的には自分が楽になります。

人間関係の悩みを減らす、人生の知恵と心得てはいかがでしょう。

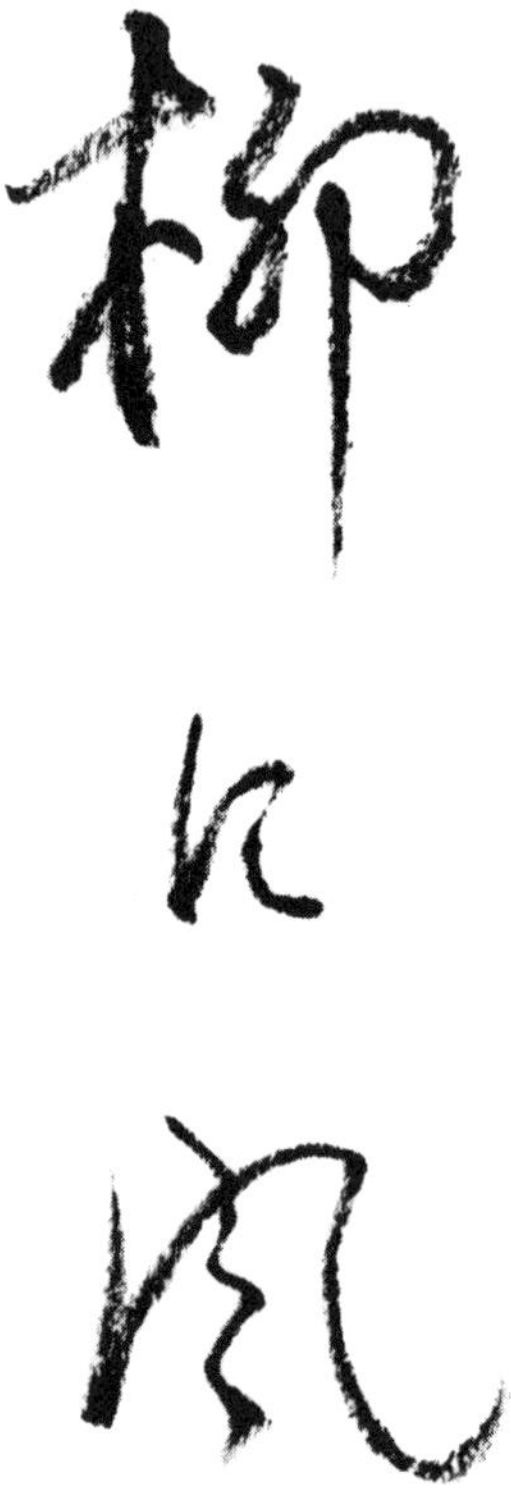

柳に風

悪口を言われても受け流しましょう

柳の木は、そのさわやかな緑色の葉が見た目に涼やかで、枝ぶりも風情たっぷり。川辺などで風に身を任せるかのように揺れるさまは、ノンシャランとした魅力があります。

大正浪漫を象徴する画家・竹久夢二は、柳の下にたたずむ女性の絵を何枚か描いています。たおやかで抒情的な柳の姿は、夢二の世界観にぴったりですね。

柳にまつわることわざに、「柳に風」があります。柳が風に身を任せて揺れるように、逆らわずにさらりと物事を受け流す、という意味です。柳は無駄に抵抗しないから、かえって折れにくいという意味も込められているようです。

人から悪口や嫌みを言われたり、意地悪をされたりしても、何事もなかったかのようにやり過ごす。それが「柳に風」です。難しいけれど、冷静に気持ちをコントロールして、さらに微笑むことができたら、そんな自分に誇りが持てるし、心の平安も得られるでしょう。

あなたの反応が「暖簾《のれん》に腕押し」ならば、相手もそのうち、嫌みや意地悪なことを言わなくなるでしょう。

それに清らかな優しい心で「柳に風」と受け流したら、「念返し」で悪い念は相手に戻っていきます。

対抗して悪口を言い返したり、意地悪をやり返したりすると、相手と同じレベルまで落ちてしまいます。そういう念を持っていると口角も下がって人相が悪くなりかねません。自分のほうが醜い顔、醜い心にならないようにしましょう。

「柳に風」は、たおやかで優雅な人間になるための、大事なたしなみです。みなさんも、知らないうちに固まった心をほぐして、風に吹かれてみませんか。

心の栄養

ゆうもあ

気持ちにゆとりを持ちましょう

誰から見ても魅力的な人とは、知性、教養、ユーモア、思いやりにあふれた明るく優しい人ではないでしょうか。

そのなかでもユーモアのセンスに関しては、どうやって身につけたらいいのかわからない人も多いと思います。

昔の日本の文化的な作品のなかにも、ユーモアの精神が見受けられます。たとえば、12〜13世紀に描かれた『鳥獣戯画』。

蛙と兎が相撲をとっていたり、猿や狐が滑稽なポーズをとっていたり、思わず頬がゆるむ絵柄ですが、じつは当時の貴族社会や仏教界を風刺しているとか。ずいぶんと機知に富んでいますね。笑いと客観的な批評精神のバランスが、絶妙です。

ほかにも狂言や歌舞伎、落語、フランス小咄《こばなし》などにもユーモアはちりばめられていますよ。


ユーモアとは、知性と精神のゆとりの賜物といえるでしょう。知性がなければ、上質のユーモアは生み出せません。でも残念ながら、最近はどうも、日本からユーモアの感覚が薄れてきているように感じます。

悩んだり落ち込んだりの渦中にあるときは、それどころではない、という方も多いかもしれません。でも、じつはそういうときこそ、ユーモアの精神は大きな助けとなるのです。

ちょっぴり惨めな気分やトラブルも笑い飛ばせば、自分もまわりの人たちも、心が軽くなり、明るい空気に満たされます。

ユーモアは、どんなにつらいときでも、明るく生きるためのテクニック。それを身につけるには、まずまわりを観察してみましょう。

上質な笑いを誘う作品や、魅力的な人の振る舞いなど、いいヒントに出会えたら、しめたもの。

心にゆとりのある人が増えると、呼吸しやすい世の中になると思います。

豪放磊落

度量の大きさ、快活さを目指しましょう

人間は、肉体と精神でできています。

健康な肉体を維持するためには、質のよい食べ物が必要です。同じように、豊かな精神を養うためには、質のよい音楽、文学、美術などの文化を召し上がっていただきたいと思います。

私の幼少時代、実家のお隣は芝居小屋兼映画館で、お向かいはレコード屋さん。

おかげで子どものころから、映画や芝居、さまざまな音楽に親しんできました。

当時はまだ、大正浪漫の面影が残っていて、私はそんなロマン溢れる雰囲気の中で育ちました。しかし、やがて社会は軍国主義に覆われ、文化が弾圧されるようになりました。たとえば画家は、戦争画以外を描いてはいけないと言われ、抒情的な文化はすべて軟弱だ、役立たずだと排斥された——そういうひどい時代を体験したからこそ、文化の大切さをひしひしと感じるのです。

では、質のよい文化とは、どういうものなのでしょう。

パッと思いつかなければ、まずは日本の伝統文化に目を向けてみませんか？

たとえば、歌川広重や葛飾北斎などで知られる浮世絵。粋な美意識と高度な技術からなる作品は、世界的な画家であるゴッホやゴーギャンにも影響を与えました。

歌舞伎の中には『暫《しばらく》』の主人公のように、奇抜な衣装を着た豪放磊落《ごうほうらいらく》なキャラクターが登場します。これもまた日本の、とくに江戸っ子の美意識でしょう。

こうした伝統芸能や文化は、知れば知るほど奥が深い。日本が世界に誇れるもののひとつです。

ちなみに、この「豪放磊落」という言葉、人生を彩る言葉として好きなので、ときどき色紙にも書きます。度量が大きく快活、些細なことは気にしないという意味。こういうご時世には、豪放磊落を目指して心を元気にしたいですね。

みなさんも自分を勇気づけてくれる言葉を見つけて、ぜひ精神の糧にしてください。

浪漫

耽美な世界に心遊ばせて

明治のころ、欧米から新しい文化が入ってくると、知識人たちは外国語に漢字を当てはめて日本語に取り入れました。たとえば「ロマン」の当て字「浪漫」を広めたのは、かの夏目漱石だとか。

漱石の小説『三四郎』のなかにも、「浪漫的アイロニー」「浪漫派」といった言葉が使われています。

もともとはロマン主義文学を表す言葉だったようですが、だんだん意味が広がり、さまざまな場面で使われるようになりました。カタカナの「ロマン」と漢字の「浪漫」ではややニュアンスが異なり、「浪漫」のほうがレトロで、耽美的な印象を受けます。

私が「浪漫」という言葉からまず連想するのが、大好きな泉鏡花の小説です。幻想的で妖しく、ページを開くと日常とは違う世界へといざなってくれます。江戸川乱歩の作品も浪漫そのもの。10代のころから明智小五郎が登場する探偵小説を愛読していました。

シャンソン喫茶「銀巴里」に勤めていたとき、十七代目中村勘三郎さんが江戸川乱歩先生を連れていらっしゃいました。

私が先生に「明智小五郎とはどんな人?」と尋ねると、自分の腕を指さして

「ここを切ったら青い血が流れるような人だよ」。「うわぁ、ロマンチック」と言うと、「君、そんなことがわかるのかい。じゃあ、君の腕を切ったらどんな色の血が出るんだい?」。私の答えは「七色の血」。

そんなことを言う16歳を、面白がってくださいました。

泉鏡花や江戸川乱歩の小説は、現代人には言葉遣いが難しいかもしれません。でも、やや退廃的な香りのするあやかしの世界には、なんともいえない耽美的な魅力があります。

現実世界から距離を置きたいときや、気持ちをリフレッシュしたいときなど、たまにはそんな世界に浸るのも悪くはないでしょう。

美しい言葉

美しい言葉

豊かな日本語で〝心の貴族〟に

みなさんは、日本語の特徴はなんだと思いますか？

漢字とひらがな、カタカナを組み合わせて使うというのも、特徴の一つでしょう。でも私が思う一番の特徴は、日本語はとても繊細で語彙が豊か、ということです。

英語の一人称は「I」。男性も女性も、大人も子どもも、「I」で表します。ところが日本語には、「わたくし」「わたし」「あたし」「僕」「吾輩」「拙者」「俺」「小生」「わらわ」など、さまざまな一人称があります。それぞれニュアンスが違い、シチュエーションや立場によって、言葉を使い分けてきたのです。

私の出身地、長崎では、男性の一人称は「おい」、女性は「うち」。「〜ばってん」といった長崎ことばをいまも懐かしく感じます。

音楽学校に入るため東京に出てきた当時、東京の山の手の人たちは、本当に美しい日本語を使っていました。たとえば「私が」と言うときも、「が」を少し鼻にかかった鼻濁音で発音するので、語調がやわらかく上品になります。

そうした日本語の美しい響きを大事にしつつ、古きよき時代の日本語表現にも触れてみてはいかがでしょう。

その方法の一つとして、美しい言葉で書かれた小説や詩を読むことをおすすめします。たとえば、岡本かの子、幸田文、北原白秋、佐藤春夫、宮沢賢治、川端康成、谷崎潤一郎、泉鏡花などが書いたものは、表現が美しく、言葉のリズムも個性的です。

大河ドラマ『光る君へ』は紫式部がモデルになっていますが、『源氏物語』にもぜひ親しんでいただきたい。

原文で読むのが難しければ、瀬戸内寂聴さんの訳をはじめ、現代語訳が何種類もあります。

男女の機微や、貴族の衣装、庭の草花などが美しい言葉で書かれた美的な世界――それらに触れると、感性が磨かれ、あなたも〝心の貴族〟になれるかもしれません。

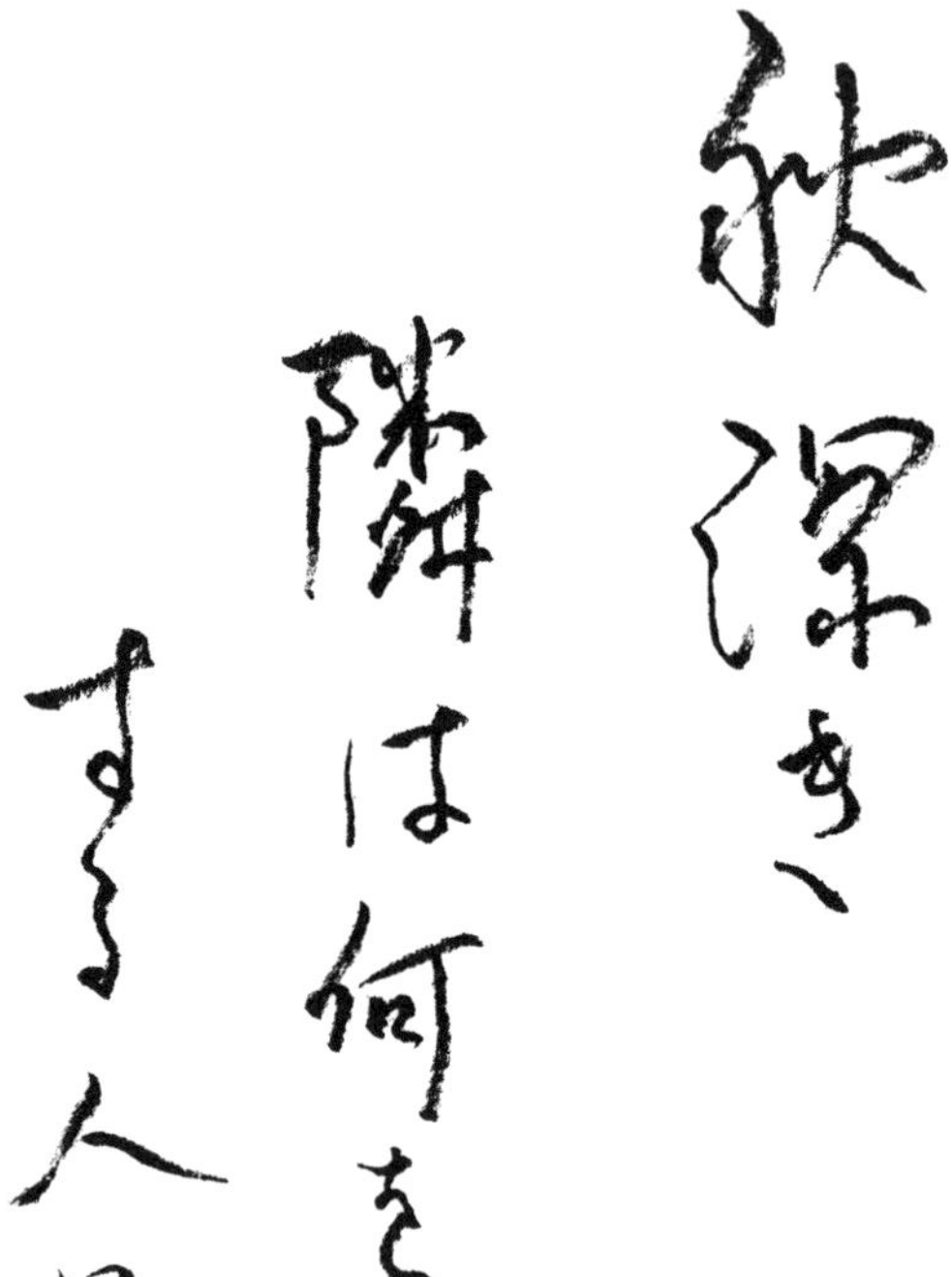

秋深き隣は何をする人ぞ

俳句に親しみましょう

秋深き隣は何をする人ぞ

これは松尾芭蕉が亡くなる少し前に、旅先の大阪で病臥《びょうが》しているときに詠んだという句です。

「旅に病んで夢は枯野をかけ廻る」と並んで、芭蕉の人生最終期の句だと言われています。

病に臥《ふ》せて、寂寥感に包まれている折、隣家に人の気配を感じ、ぽっと温かい気持ちになったのかもしれません。ちなみに松尾芭蕉の命日「時雨忌」は11月28日（旧暦10月12日）です。

秋が深まると、健康な人間でもちょっぴり寂しくなったりします。そんなとき、人の営みが感じられると、なんとなくほっとするもの。ところが最近は隣家の物音や子どもの声を〝騒音〟と捉える人もいるようですね。もちろん騒々しいのは迷惑ですが、人の気配が過剰に気になるのは、寛容の心を失っている証拠。もしかしたら心が疲弊してしまっているのかもしれません。

それにしても、たった十七字で深い表現ができる俳句を発明した日本人は、本当にすばらしい。「季語」を入れるのも、四季に恵まれた日本ならではの約束事です。

私は以前から、子どもには子守歌や童謡を歌って聞かせ、詩や俳句を読ませるのが大事だとお伝えしてきました。日本の美意識を凝縮した文学である俳句に触れることで、子どもの情操が育つと思っているからです。

また、若い方にも年配の方にも俳句に親しんでいただこうと、私の公式携帯サイト「麗人だより」では俳句を募集しています。

俳句は奥が深いので、作るのは難しいと感じる方もいらっしゃるでしょう。でも、先人のすぐれた作品を味わうことは、すぐにできます。

日本の美意識や情緒は、みなさんの精神の栄養となってくれるはずです。

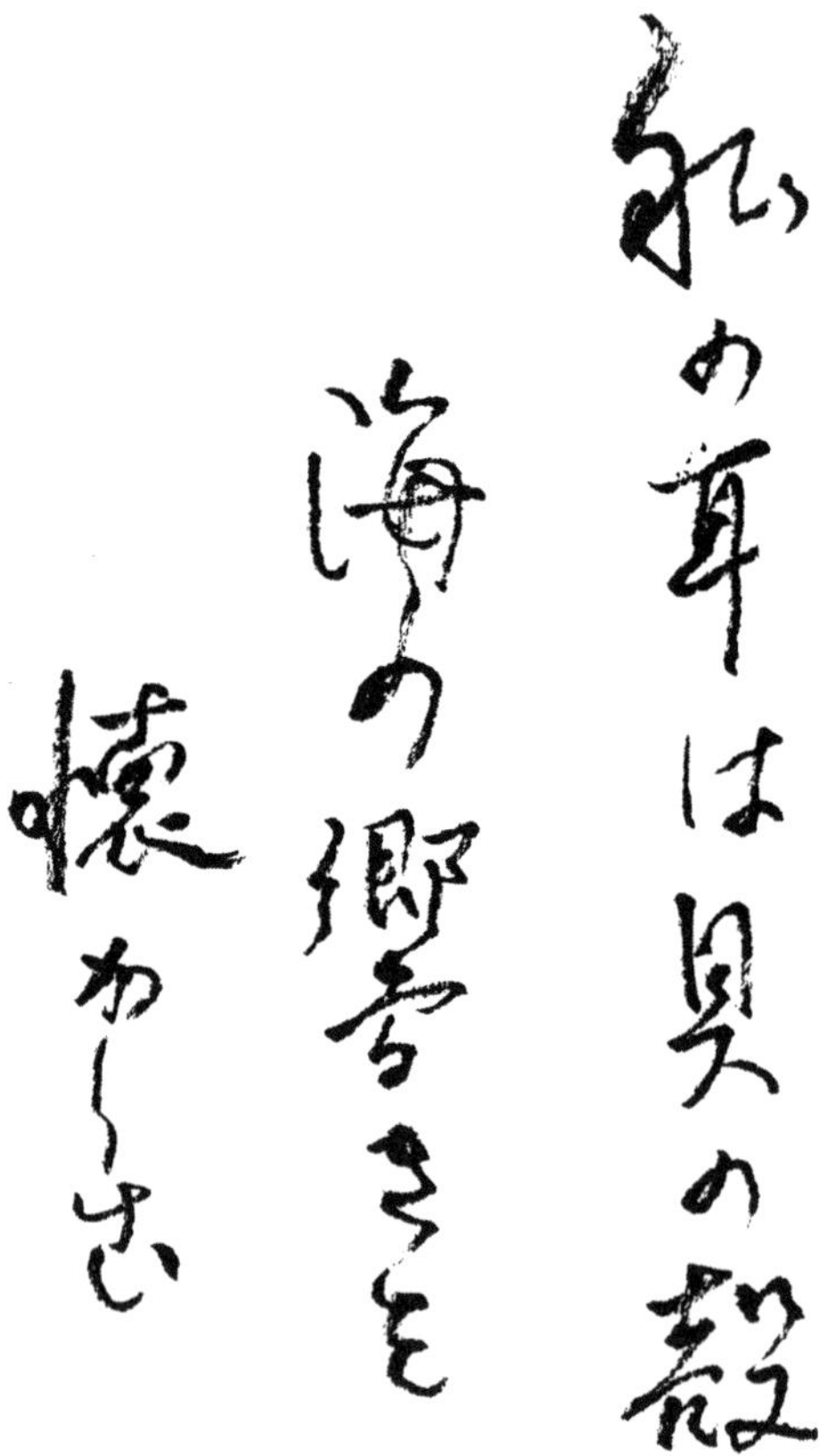

私の耳は貝の殻　海の響きを懐かしむ

詩は言葉の玉手箱

私が好きな詩をひとつご紹介しましょう。フランスの芸術家ジャン・コクトーの詩を、堀口大學が訳したものです。

私の耳は貝の殻
海の響きを懐かしむ

若いころにこの訳詩に出合い、暗記している人も多いようです。日本人に馴染みの深い七五調に訳されているからでしょう。短い詩のなかに、豊かなイメージが込められており、しかも七五調の響きが心地よい。口ずさむと、脳裏に海の風景や波音まで広がるような気がしませんか。

ジャン・コクトーは詩人、小説家、戯曲家、映画監督や画家として多くの業績を残した総合芸術家。映画『美女と野獣』や『オルフェ』からは、私も大きな影響を受けましたし、戯曲『双頭の鷲』を現代によみがえらせようと、何度か自ら演出・出演しています。ちなみに、『オルフェ』をはじめ、コクトーの数多くの映画で主演しているジャン・マレーは、コクトーの恋人でした。

詩は言葉の玉手箱。美しい言葉の世界に身を置くことで、心の感度が磨かれ、美的な感性も育ちます。

ところが最近は詩集を手にする人が減っているようで残念です。

あまり詩に馴染みがない方は、まずは中原中也や石川啄木、佐藤春夫、北原白秋などの詩に親しんでみてはいかがでしょう。訳詩ならコクトー、ヴェルレーヌ、ランボー、ハイネなどがおすすめです。

おいしい紅茶やコーヒーを飲みながら、詩集を開く。

1日に30分でもいいのです。そうした時間を持つと、人生が豊かで美しくなります。

あなろぐ

あなろぐ

ゆっくり流れる時間を大切にしましょう

最近、「タイパ」という言葉がもてはやされています。タイパとはタイム・パフォーマンスの略、つまり「時間対効果」という意味。短い時間でより大きな効果が得られ、タイパが高いことが、よしとされるそうです。

たとえば若い世代のなかには、テレビ番組や映画を倍速にして見る人もいるとか。なんともったいないこと。

映画は、台詞のない「間」や映像美も含めた総合芸術です。それを単なる「情報」として捉えるとは、嘆かわしい限りです。

こうした傾向は、社会がデジタル化された影響でしょう。最近は、スマホやパソコンを通して大量の情報に追われ、効率を最優先するのが当たり前。それがどんどん加速してきた結果、日本人の精神は栄養失調状態になりつつあります。

精神の栄養失調を改善するには、文化という食糧が必要です。

なかでも豊かな栄養となるのが、アナログの文化。私が長らく関わってきた舞台芸術はアナログ文化の最たるものですし、日本は伝統工芸や伝統芸能など、アナログ文化の宝庫です。もちろん、もっと日常的な趣味でも同様です。旅も読書も、絵を描いたり展覧会に行ったりするのも、俳句をたしなむのも、アナログでの栄養補給になります。

もっとも、タイパが日常生活のなかで進んでしまっている以上、必ずしも悪と思わなくてよいのかもしれません。ものごとを効率化して時間に余裕が生まれたら、その時間でアナログ文化を楽しめばよいでしょう。

最近は、昭和歌謡や昭和の映画、大正浪漫風の着物など、レトロ文化を好む若い人も増えているようです。懐古風情たっぷりのクリームソーダを提供する喫茶店も人気。たぶん本能的に、ゆっくり流れる時間や精神の栄養を求めているのでしょう。

みなさんも精神の栄養失調にならないよう、意識的に「アナログ」を日々の暮らしに取り入れてみませんか。

色

きれいな色を身にまといましょう

私は、舞台に立つときや雑誌などの撮影の際、くすんだ色の服は着ません。明るくきれいな色を身にまとうと、まわりのみなさんの気分が上がりますし、本人にも運が向いてきます。

真っ黒な草や花を見かけないのは、黒は死の色だから。ですから、できれば黒一色のファッションは避けたいもの。

もし黒を着る場合は、ベルトやスカーフなどで色を少し加えるか、色のきれいな宝石をつけるようにしましょう。そうすれば黒のマイナスの力は打ち消され、お洒落でシックな色に変わります。

お手本は日本の文化。たとえば、日本が誇る漆芸の世界では、黒い漆に金蒔絵や螺鈿《らでん》を施したものです。そうやって黒を寿《ことほ》ぎの色に変えたのです。

せっかくですから、今回ぜひ知っていただきたいのが日本の伝統色です。日本の伝統色には渋い色も多いですが、植物を使った自然染料から生まれた色彩なので、味わい深い美しさがあります。

そして微妙に異なる色の一つひとつに、素敵な名前がついており、その数はゆうに1000を超えます。

たとえば、鴇色《ときいろ》、猩々緋《しょうじょうひ》、黄櫨染《こうろぜん》、煤竹色《すすたけいろ》、水浅葱《みずあさぎ》、錆桔梗《さびききょう》……。

美しい言葉が使われているので、色の名前を追うだけでも、ゆかしい気持ちになりませんか？

北原白秋が作詞した歌曲「城ヶ島の雨」には、「利休鼠の雨」という表現が出てきます。これは、利休好みの緑色を帯びた灰色の雨が降っているという情景で、深みを感じさせます。

日本の色彩文化には、世界に誇れる豊かさがあります。伝統色の名前の由来などを記した本もあるようですし、ときにはそうした自国の文化に目を向け、美意識を磨いてはいかがでしょう。

おぼろ月夜

四季折々の歌をくちびるに

私の好きな歌に、小学唱歌があります。たとえば「朧月夜《おぼろづきよ》」という歌は、みなさんもよくご存じでしょう。私はこの歌が好きで、これまでリサイタルのレパートリーに取り入れたり、レコードやＣＤに収録したりしています。

里山が暮れてゆき、手前は菜の花畑。家路につく人が小径を歩き、鐘の音や蛙の声も聞こえてくる。そして空には、霞がかったお月さま——。

歌を聞いた人は、「懐かしい風景が映像となって脳裏に浮かんでくる」とおっしゃいます。

メロディーの美しさも、この歌の魅力です。曲調と詞が一体となり、心にすーっと、心地よく染みていく。「朧月夜」は、私だけではなく、矢野顕子さん、槇原敬之さん、中島美嘉さんなど、さまざまなミュージシャンが歌っています。それだけ、時代を超えた魅力がある歌、ということでしょう。


この歌は、『尋常小学唱歌 第六学年用』に載っていました。尋常小学唱歌がまとめられたのは、明治44年から大正3年にかけて。そのなかには、いまも歌い継がれている歌がたくさんあります。

「春が来た」「春の小川」「鯉のぼり」「茶摘」「我は海の子」「村祭」「紅葉」「故郷」「冬景色」……。

いずれも四季折々の美しさや暮らしのなかの情景を歌ったもの。いわば日本の原風景が描かれている歌、と言ってもいいかもしれません。

私が小学唱歌を歌い続けてきたのは、失ってはいけない日本の姿を、みなさんの心にお届けしたいと思っているからです。

また小学唱歌以外にも、「早春賦」「里の秋」といった童謡も好きで、ふとしたときに口ずさみます。

日本の心の故郷ともいうべきこうした歌は、これからも歌い継いでいってほしい。子どもや若い人にも、ぜひ伝えていきたいと思います。

上機嫌

はんなり

はんなり

人は「保護色の生き物」です

京ことばに、「はんなり」という表現があります。「はんなりとしたお人やなぁ」「はんなりとしたお味」などなど――響きも美しいし、素敵な言葉だと思います。

「はんなり」はもともと、色合いを形容する言葉です。「はんなりとした色」というと、パステルカラーのような淡い色のことだと思っている方も多いようですが、じつは華やかで明るく、なおかつ気品があるのが「はんなり」。「花あり」が語源という説もあるようです。それがやがて、人の佇《たたず》まいなどに対しても使われるようになりました。

私が考える「はんなりした人」とは、しっとりとした色気がありながら、決してむき出しにせず、それでもおのずと滲み出てくる人。なにより、花が咲いたような明るさがあるのです。

そういえば以前、瀬戸内寂聴さんに連れられて、祇園のお座敷で楽しい時間を持ったことがありました。

祇園はまさに「はんなり」の世界。京焼の器に盛りつけられた美しい料理、芸妓さんの着物や所作、御抹茶の鮮やかな緑色と繊細な京菓子、屏風などのしつらい、灯籠に照らされた坪庭の陰影など、すべてが京都の華やかな美の集積という感じがしました。

私はかねて、「人は保護色の生き物」と言っています。観るもの、聴くもの、読むもの、着るもの、すべてが美しいと、その人も美しく変化するからです。

なにも贅沢を勧めているわけではありません。

明るい色の上品な服を身につける。上等な食器はお客様用にとっておくのではなく、普段から自分のために使う。そんなふうに生活を美で彩り、心を美で満たすのです。

美が身近にあれば、使う言葉や立ち居振る舞いも自然に美しくなり、人にも思いやりを持てるようになります。

それが、はんなりとした素敵な人への道です。

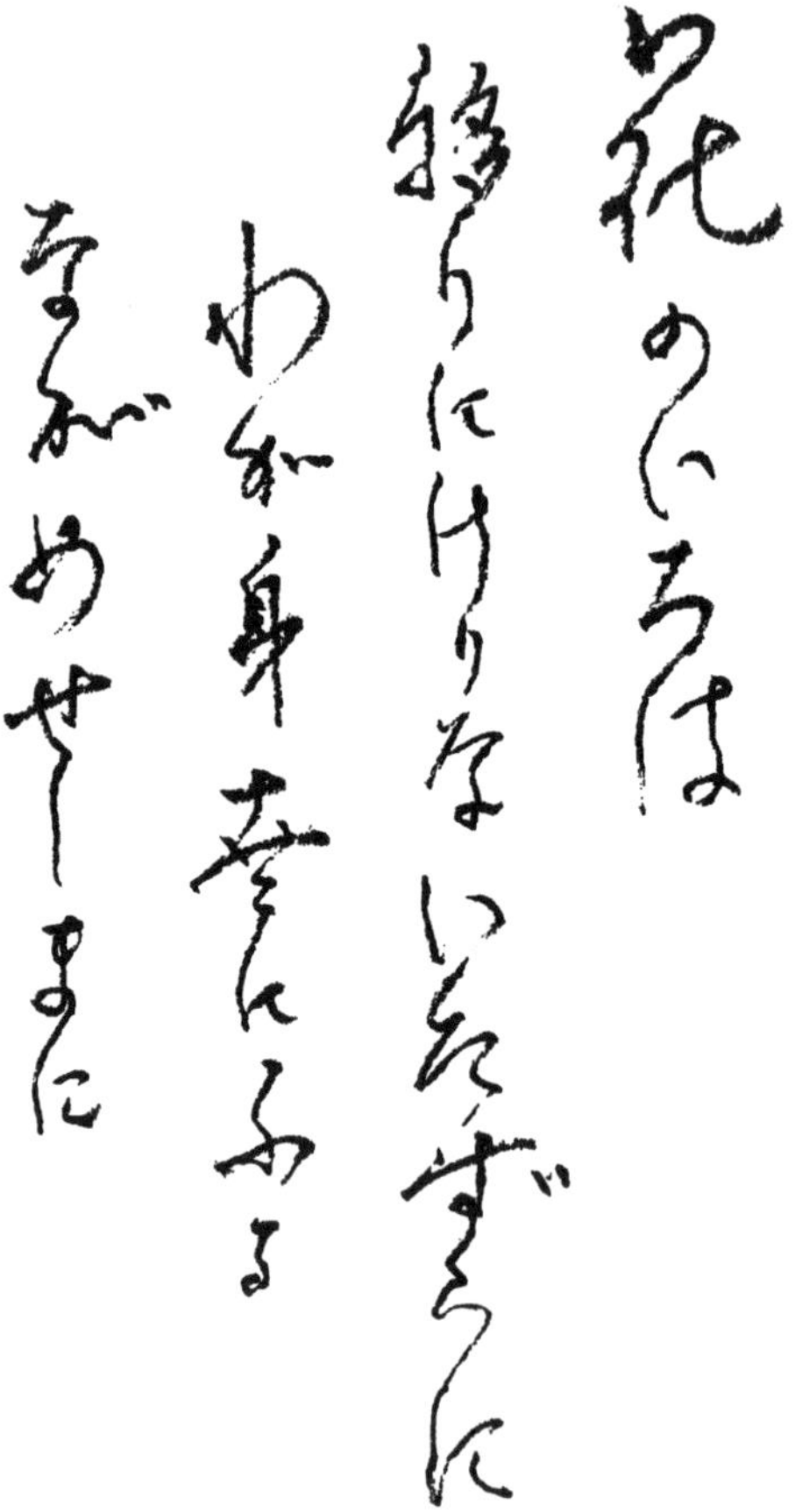

花のいろは移りにけりないたずらにわが身世にふるながめせしまに

年齢を味方につけましょう

花の色は移りにけりないたずらにわが身世にふるながめせしまに　小野小町

百人一首にも採り上げられている、小野小町の有名な和歌です。
長雨が降り、物思いにふけっているうちに、花は色が褪せて散ってしまった。
小野小町は絶世の美女だったとされていることから、歳を重ねて自分の容貌が衰えたことを嘆いた歌だとも伝えられてきました。

小野小町は1200年近く前の、平安時代の女性です。

小野小町の伝説は後に観阿弥によって能の『卒都婆小町』となり、昭和の時代に三島由紀夫さんが『近代能楽集』の中の一篇としてすばらしい作品を生み出しました。

私も三島さんの『卒塔婆小町』は、何度か舞台で演じております。美しい人であればあるほど、歳を経てからの落差は大きいかもしれません。しかし小野小町は、和歌という文学の力で永遠の命を得ることができたのです。

この歌の根底には、仏教の「諸行無常」の思想が流れています。

諸行無常とは、この世のすべての物事は移ろいゆき、その場にとどまっていないということ。

これは必ずしも、厭世的な思想ではありません。心持ち次第で何歳になっても自分を変え、成長できるとも解釈できるわけですから。

「老い」は人の定め。表面的な美しさは年月とともに衰えても、知性や教養はむしろ年齢とともに深みを増していくはず。

みなさんにはぜひ、年齢を味方につけて、知性と教養に磨きをかけていただきたいと思います。

冷静沈着

苦しいときこそ「頭はつめたく、心はあたたかく」

この世にご縁あって生まれ、あっと言う間に80代も過ぎようとしています。振り返ってみると、波瀾の人生を歩んでまいりました。

1945年8月9日、10歳のとき。長崎に原子爆弾が落とされ、実家は灰燼《かいじん》に帰しました。

多大な犠牲を払った戦争が終わり、命拾いした私。その後、悪性貧血をはじめ後遺症にも苦しみましたが、死んでたまるか、負けてたまるかと必死でした。

私の音楽への情熱は冷めることなく、16歳で勉強のために上京して、歌の仕事に就きました。しかし、実家が没落して父が病に倒れてからは、家族の生活が私の両肩にのしかかるようになり、困窮を極めて、数ヵ月ほど新宿でホームレス生活を送ったことも。また同性愛者として激しいバッシングにもあいました。71年に、丸山明宏から美輪明宏に改名。仕事が軌道に乗ったと思ったら、体調を崩して舞台に立てない時期もありました。

まぁ、浮き沈みの激しかったこと――。


誰の人生にも、マイナスの「気」に覆われている時期があると思います。いまがまさにそのときという方は、溜息をついたり、涙したりなさっているはず。でも、世を恨んだりしないで、冷静に目の前の問題を分析することが大切です。感情的になると、頭に血が上って熱くなり理性が働きません。

では、「冷静沈着」を身につけるにはどうすればよいか。

それは日常生活の中で、呪文のように「頭はつめたく、心はあたたかく」と唱えればよいのです。これを習慣づけて、細胞の一つひとつに流し込むようにしましょう。

困難にぶつかったとき、どうしても解決法が見つからなければ、しばらく放っておく。そして、もっとほかに考えるべきことを優先してみる。

そのうちに、思いもよらない道が見えてくるものです。

ルンルンルン

幸せを招く魔法の言葉

戦争や災害の報道もふくめて、毎日膨大な情報があふれています。いいニュースより、暗いニュースに気をとられてしまいがちな人は、つらい気持ちになってしまうこともあるでしょう。でも、それが続いて、ふさぎ込むようになると、少し心配です。できれば世の中の明るいことにも目を向け、そして、自分を大切にするためにも、なるべく「ごきげん」に生きていきたいもの。

身近なＳＮＳ上でも、人を貶《おとし》めるような言葉が使われたりするなど、世の中の負の部分や混乱を見聞きすることも増えていて、憂うべき状況だと思います。そんなときでもなんとか、自分の心の温かい部分を守り、気晴らしになればと、ぜひおすすめしたいのが、「ルンルンルンルン」という言葉です。

最近はあまり使われないようですが、昔は上機嫌や楽しい気分を表す際、「ルンルン気分」などといったものです。言葉の響きもなんとなく楽しげで、声に出すと、うきうきした気持ちに。そこで私は以前から、コンサートなどでもみなさんに「会話の途中にルンルンルンと言ってみませんか」と提案してきました。

家族や友人とのＬＩＮＥでのやり取りでも、「明日会うのが楽しみ　ルンルンルン」とか、「今日は一緒に食事ができて楽しかった。ありがとう　ルンルンルン」と送ると、うれしい気持ちが余計に伝わります。

マイナスな出来事や深刻な発言でも、最後に「ルンルン」をつけると、言うほうも聞くほうも気持ちが軽くなります。

「ルンルン」と口にするのが恥ずかしいという方は、心の中で唱えてみてください。すると、あ～ら不思議、自然と微笑みが湧いてくるはずです。

私も89歳になり、年齢なりの不調もあります。ですから日々、心の中で「ルンルン」と唱えています。

たとえば、庭の草木の紅葉や道端の小さな花を目にしたなら、「まぁ、モミジが色づいてきたわ！　ルンルン」。「秋薔薇が見事。小菊もかわいらしい。ルンルン」。すると口角が上がり、口元がほころんできます。先行きが見えず、不安を抱えやすい時代だからこそ、微笑みを忘れずに「ルンルン」。

幸せを招く魔法の言葉と信じて、思い切って口にしてみませんか。

愛

この世のすべての問題を解く鍵があります

愛は、この世の通行証。

愛があれば、困っている人はお互いに助け合うことができ、情緒的にも安定します。人にも、動物にも、仕事にも、愛を持って接することですべてがうまくいく。戦争も起きないし、殺し合いも、いじめもなくなるでしょう。

あらゆるものに愛を活用すれば、この世は極楽になるはずです。しかし、それが決して容易ではないということは、歴史が証明しています。

毎年夏になると、10歳で目にした光景を思い出します。長崎の家で夏休みの宿題の絵を描いていた私は、出来を確かめたくて立ち上がりました。その瞬間、ピカッと白い光が走り、一瞬、間を置いてドーン！　この世のものとは思えない凄まじい地響きとともに窓ガラスが割れ、家がぐらぐら揺れました。しばらくして家の外に出ると、そこは地獄そのものでした。

１９４５年8月6日に広島、9日に長崎に原子爆弾が投下され、8月15日、日本は敗戦を迎えました。

20世紀は「戦争の世紀」とも言われ、大きな戦争が何度も繰り返されました。苦しみを経験した私たちは、21世紀こそ愛と平和の世紀にしようと誓ったはずです。それなのに、いまだに世界各地で戦いが起き、多くの無辜《むこ》の民が犠牲になっています。

戦争の悲惨さを伝え、戦争への流れを食い止めるのは、生き残った者の責任。そう思って、取材や講演会の折にお話ししてきました。80代となったいまも、これこそが、私に課せられた修行だと思うのです。

美しい音楽や芸術を楽しむことができるのも、愛と平和あってこそ。みなさんも常に愛を持って人に接するとともに、世の中が危ない方向に行かないかどうかしっかり見極めて、賢明な判断をしていただきたいと思います。

感謝

麗人

優しさを持って人に接しましょう

心を豊かにしたいなら、美意識を磨いていただきたいと思います。

ただ、何を見てどうすればいいのかわからないという人のために、私がかねてお伝えしてきた言葉は「麗人」です。

できれば、老いも若きもみなさんには、「麗人」を目指していただきたいと思っています。

美しい女性を表す言葉には、「綺麗な人」「美人」「佳人」「麗人」などがあります。私の定義ですが、「綺麗な人」は雰囲気が整った人で、「美人」は容姿容貌に恵まれた人のこと。その上の「佳人」は、美しいだけではなく上品な趣のある人です。なかでも私が思う一番上位にある存在が、「麗人」です。

教養百般に通じているけれど、それをひけらかさず、物腰もやわらかく知性的。そして日々、愛と優しさを持って人と接している。すなわち顔の造作を超えた精神の美しさを備え、美意識を持って生きている人――それが「麗人」なのです。

これらは、努力次第で身につけることができます。

知性と教養、上品さや愛情深さが自分のものとなったら、おのずと人に与える印象が変わるはず。

「もう遅いです」などという、あきらめの声が聞こえてきそうですが、そんなことはありません。心がけ一つで近づくことはできますよ。

立ち居振る舞いの美しさ、物腰のやわらかさを身につけるには、茶道が役に立ちます。背筋を伸ばすために、ヨガやダンスを始めるのもいいかもしれません。そして美しいものをたくさん見て、いい音楽を聴き、心に栄養を与えて知性を磨くこと。

みなさんが少しでも麗人に近づけるよう、遠くから見守っています。

慈悲

涙を拭いたら前に進みましょう

私の故郷の長崎では、新盆を迎えた遺族が8月15日に精霊船を曳いて練り歩き、極楽浄土へと送り出します。「精霊流し」というとしんみりしたイメージを抱く方もいるかもしれませんが、かけ声や鐘の音、爆竹が鳴り響き、かなりにぎやかなものです。

家族や大事な人と死別したら、みなさん、悲しみにくれると思います。でも、あの世に行けば病気もないし、悩みも苦しみもありません。明るくてのんきなところにいるので、ご安心を。いつまでも嘆き続けていると、かえって故人に心配をかけます。

私もこの歳になるまでに、愛する人や身近な人をずいぶん亡くしてきました。いまや、あちら側の世界のほうがにぎやかなくらい。

毎日お経をあげて亡くなった人たちを供養しながら、「もはや生老病死の恐れも不安もないのですから、どうか功徳を積んで、貴い御仏になる修行をなさってください」と慰め励ましています。

それは、亡くなった方々への、私の愛です。そうすると、向こうからも愛が返ってきます。たとえば、病を得たとき、それでも、前向きに日々を過ごすエネルギーを私に与えてくれるのです。

「慈悲」はもともと仏教用語。他者をいつくしみ安楽を与えるのが「慈」。他者の苦に同情して、これを取り除こうとする思いやりを表すのが「悲」。このふたつが合わさった言葉だと言われています。

日々、感謝を忘れずに「慈悲」の心で行動すると、あの世にいる愛する人も喜ぶはず。そして、きっと大きな愛を返してくれます。

ですから、ときには泣いてもかまいませんが、涙を拭いたらにっこり笑って。「慈悲深くあれ」と自分に声をかけて、前を見て進んでくださいね。

お気楽さん

「なんとかなる」で人生を切り開きましょう

私はこう見えて、いつもお気楽です。「なにが起きても平気」と、達観しているからかもしれません。

人生、なかなか思い通りにはいかないものです。私も、振り返ると山あり谷あり。なにをやってもうまくいかず、経済的に追い詰められ、駅や公園で寝泊まりした時期もありました。それでも、このまま人生が終わるとはまったく思いませんでした。
窮地に陥ったときは、自分を信じて、負けない心を持ち続けること。プラス思考で「ケセラセラ」「なんとかなる」と思っていると、自然と運が開け、本当に「なんとかなる」ものです。

〝経営の神様〟とも呼ばれた松下電器産業の創業者・松下幸之助さんは、「日本人の95パーセントは悲観論者。残りの5パーセントの楽観論者が各界をリードしている」といったことを語っていたそうです。また、エッセイ集『幸福論』で幸福になるための自己のあり方を説いた哲学者のアランの言葉に、「悲観主義は気分に属し、楽観主義は意志に属する」があります。やはり、意志を持って「楽観主義でいよう」と決めて行動することが、人生をプラスの方向に切り開くコツと言えそうです。

そう言うと必ず、「では、楽観的になるにはどうしたらいいのでしょう」と聞かれます。残念ながら、そんなテクニックはありません。もし、ひとつアドバイスするとすれば、「今日一日をどう充実させて生きるかを理性的に考えること」です。

たとえ明日の朝、目が覚めなかったとしても後悔しない、と思える毎日を送っていたら、明日を憂うことがなくなるでしょう。

そんな毎日を積み重ねていけば、さまざまな不安もスーッと消えて「明日は明日の風が吹く」と、お気楽さんでいられますよ。

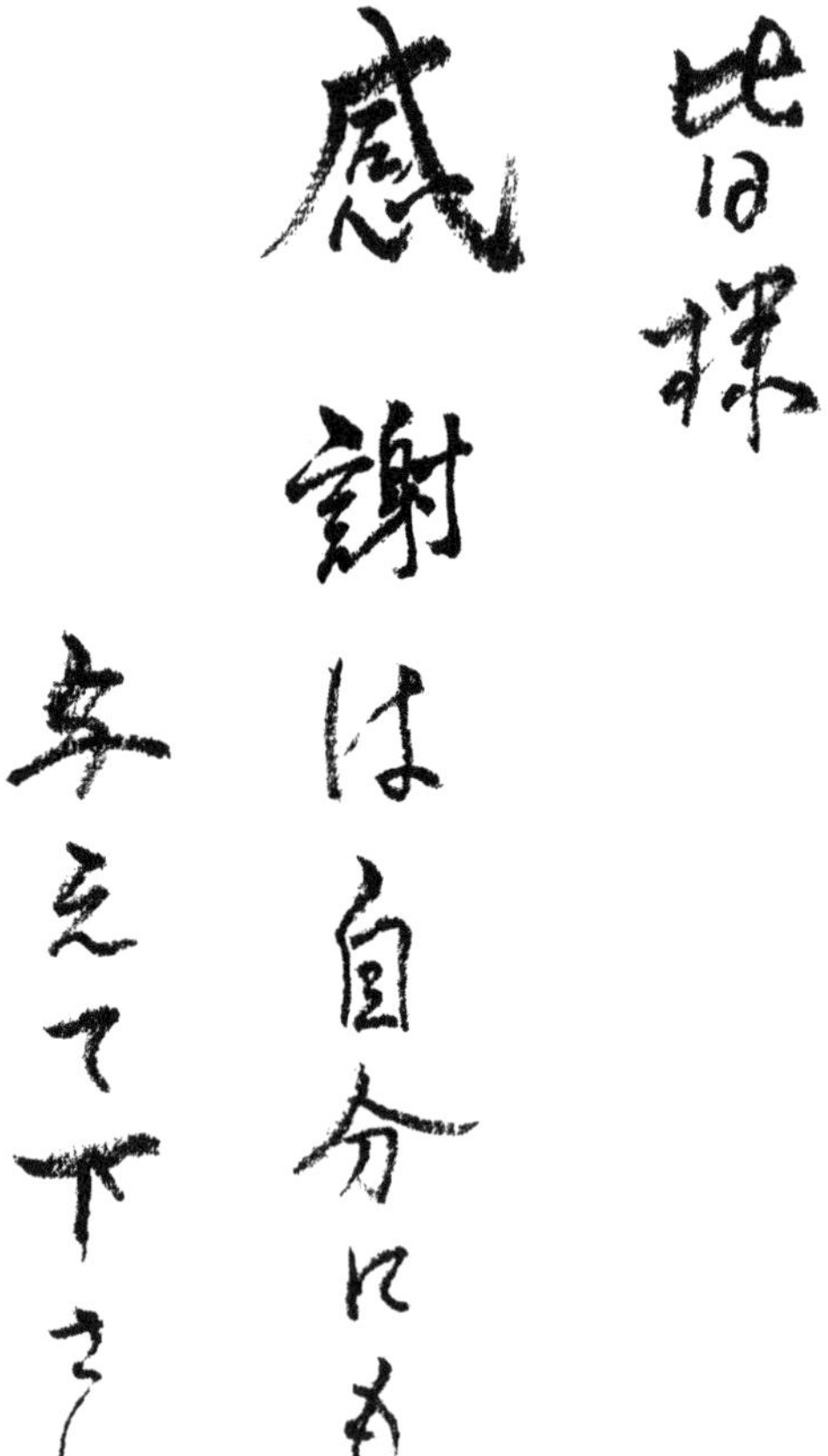

皆様　感謝は自分にも与えて下さい

「我に幸あれ」と唱えて

私はいままで、ことあるごとに、「感謝は、人が生きていくために最も必要な気持ち」であるとお伝えしてきました。

着るもの、食べるもの、すべて人がつくってくれたもの。私たちは、ありがたいものに囲まれているのです。

ありがたいとは、「有り難い」。当たり前だと思っていることが、じつはそこに有るのが難しいものだと気づいたら、おのずと感謝の念が湧いてくるはずです。

自分自身についても、歩ける、読める、聞こえるといった当たり前のことに感謝できると、幸せの数も増えていきます。

私は原爆症の後遺症もあってもともと病気がちでしたし、年齢を重ねるなか、大きな病気や怪我もしました。ですから日々、健やかに過ごせるだけでありがたいと、感謝の念が湧きます。


さて、みなさんに、ここで一つご提案。

一年の締めくくりや年始に、自分自身にあらためて感謝をしてみてはいかがでしょう。

この数年間、コロナ禍、物価高、地震や豪雨、猛暑などが続き、さまざまな苦労をなさってきたと思います。なかには悲しい別れを経験した方や、病気や怪我などで苦しんだ方もいるでしょう。また、世の中に目を向けると、戦争や災害、環境破壊など、気分がふさぐようなニュースばかり。なんとなく鬱々としてしまう人も少なくないのでは——。

それでもあなたは今日まで、日々、頑張ってきたのです。ときには「大変でしたね。おつかれさま」と自分をいたわり、自分に「ありがとう」と声をかけてはいかがでしょう。

物価高などでお財布事情もしんどいかもしれませんが、せめて年末年始には自分のためにささやかなプレゼントやご馳走を用意して。

スパークリングワインでも傾けて、「我に幸あれ」と唱えてみれば、明日も前を向いて生きていこうという気持ちになれるはずです。

ごきげんよう

ごきげんよう

今日をほがらかに過ごしましょう

最後に、私がふだんから使っている麗しい日本語をご紹介しましょう。

それは、「ごきげんよう」。

一時代前、上品な女性は「ごきげんよう」と挨拶したものです。

２０１４年、ＮＨＫ連続テレビ小説『花子とアン』で、ナレーターをつとめました。その際、番組の締めくくりに言う「ごきげんよう」という挨拶が注目されるようになり、その年の流行語大賞にノミネートもされました。

ナレーターとしてお声がけいただいたきっかけは、なんでもテレビ局の方と脚本家の中園ミホさんが、その挨拶言葉を使い慣れている人がほかにいない、と思われたからとか。ヒロインのモデルで『赤毛のアン』を翻訳された村岡花子さんは、ＮＨＫの子ども向けラジオ番組に出るときに、必ず「それではごきげんよう！　さようなら」で締めくくっていたそうです。


「ごきげんよう」は「ごきげんようございます」「ごきげんよくお過ごしくださいませ」などが短くなったもの。室町時代に宮中で女官たちが使っていた御所言葉が語源とも言われています。明治時代には山の手言葉として、日常生活や女学校での挨拶で使われていました。

人が訪ねてきたときなど、「ごきげんよう」と言われると、自然と自分が機嫌よく過ごしているような気分になります。

また別れる際に、「では、お気をつけて。ごきげんよう」と言われると、なんとなくいい気分に。響きも美しく、口に出すほうも聞いたほうもうれしい気分になるのですから、なくしてはいけない、麗しい日本語だと思います。

最初はちょっと照れくさいかもしれませんが、まずはお友達と「令夫人ごっこ」のつもりで口にしてみたらどうでしょう。そのうち慣れて身につきますよ。

本書を手にとってくださり、ありがとうございました。

それではみなさん、ごきげんよう。

「美輪明宏のごきげんレッスン」
（『婦人公論』２０２２年２月号〜２０２４年12月号）
から抜粋・加筆しました

美輪明宏　Miwa Akihiro

1935年、長崎県生まれ。歌手、俳優、演出家。国立音楽大学附属高校中退。16歳でプロの歌手としてデビューし、シャンソン喫茶「銀巴里」の専属歌手になる。57年に「メケ・メケ」、66年に「ヨイトマケの唄」が大ヒット。時代を映したヒット曲を多数歌唱。67年、演劇実験室「天井桟敷」の旗揚げ公演に参加。寺山修司作『毛皮のマリー』、三島由紀夫作『黒蜥蜴』や『近代能楽集より 葵上・卒塔婆小町』、『愛の讃歌 エディット・ピアフ物語』など数多くの舞台に主演。97年、ジャン・コクトー作「双頭の鷲」の再演で読売演劇大賞優秀賞を受賞。舞台、映画、テレビ、講演、著作などの多方面で活躍してきたことや、ジェンダーを超えた生き方を示してきたことなどから、2018年、東京都の「名誉都民」として顕彰される。『紫の履歴書　新装版』『ああ正負の法則』『戦争と平和　愛のメッセージ』『人生はドンマイドンマイ』『ほほえみを忘れずに。ルンルンでいきましょう』『私の人生論』など著書多数。

●オフィシャルHP　http://o-miwa.co.jp
●公式携帯サイト麗人だより　http://www.reijindayori.jp

あなたの人生《じんせい》を導《みちび》く 美輪《みわ》ことば

2024年11月25日　初版発行

著　者　美《み》輪《わ》明《あき》宏《ひろ》

発行者　安 部 順 一

発行所　中央公論新社
〒100-8152　東京都千代田区大手町 1-7-1
電話　販売 03-5299-1730　編集 03-5299-1740
URL https://www.chuko.co.jp/

DTP　市川真樹子
印　刷　共同印刷
製　本　大口製本印刷

Published by CHUOKORON-SHINSHA, INC.
Printed in Japan　ISBN978-4-12-005851-6 C0095